LA HOJA DE MI LIBRO

LA HOJA DE MI LIBRO

LA MUJER DE HOY

ELOISA AYALA

Número de Control de la Biblioteca del Congreso de EE. UU.:   2012903257
ISBN: Tapa Dura   978-1-4633-2173-4
                         Tapa Blanda   978-1-4633-2172-7
                         Libro Electrónico   978-1-4633-2171-0

Para pedidos de copias adicionales de este libro, por favor contacte con:
Palibrio
1663 Liberty Drive, Suite 200
Bloomington, IN 47403
Llamadas desde los EE.UU. 877.407.5847
Llamadas internacionales +1.812.671.9757
Fax: +1.812.355.1576
ventas@palibrio.com
381961

DEDICATORIA

Este ejemplar lo dedico ampliamente a mi hija, que con su luz ha hecho que logre concretar uno de los tantos proyectos que tengo en mente.

Le agradezco infinitamente que todavía esté a mi lado y así constatar juntas que los sueños sí pueden hacerse realidad.

Todos los días hay que agradecer por amanecer, sentir, vivir y estar juntas.

Recuerda… «Hay que aprender a obsequiar tu ausencia a quien no valora tu presencia». Eso siempre te hará fuerte.

Te amo.

PRÓLOGO

No es fácil explicar cómo se siente una como mujer ante los diferentes estados de ánimo y valoración de sí misma.

En este ejemplar, quise plasmar un poco del cotidiano ir y venir de nosotras, las mujeres, niñas, amas de casa, amantes, amigas, mamás, profesionistas que, aunque no hayamos querido, en eso nos hemos convertido.

Algunas veces porque nosotras quisimos, otras porque las circunstancias así fueron o porque no había otra, había que entrarle por errores o contrariedades.

Lo importante es que quien lo lea se sienta un poco entendida, aceptada y comprendida al pensar que no es la única que siente o piensa lo que todas pensamos y no decimos.

Espero poder poner un granito de arena con este ejemplar logrando que cuando menos una mujer pueda sentirse acompañada y amada por ella misma.

Busco que entendamos que no estamos solas, que aunque para muchas de nosotras es pesado y difícil, también este sentirse mujer tiene enormes satisfacciones, llenas de amor y alegría.

Deseo de corazón que mi sentir sea el de muchas de ustedes.

Un beso y un abrazo fuerte.

6 DE SEPTIEMBRE DE 2007

Aquí comienza mi historia, que seguramente es igual que otra, pero es importante, porque yo la viví, la sentí, la llore y la sufrí.

Es fácil entender cuando eres pequeña el mundo vamos descubriendo, aprendiendo, entendiendo, amando y llorando cuando nos caemos o cuando no nos dan un dulce porque no hay. Sería más fácil no conocer lo que no podemos tener, como la regadera, la luz o el hambre. Ay, cuando tenemos hambre, qué difícil, pero de pequeño la engañas muy fácil, porque no lo puedes expresar, decir, te engañas, te duermes y hasta con un golpe se te olvida...

Cuando vas descubriendo de lo que eres capaz, con unos pocos años más, te das cuenta de que lloras y ya no te hacen caso, amas y simplemente sufres porque ya entiendes lo que es no comer.

Pasa el tiempo y te das cuenta de que no es únicamente lo que tienes en casa, afuera hay más cosas, más gente, que vive de otra manera. Conoces a otros y haces amigos, descubres lo que es sentir que le importas a «alguien» que te importa «algo», que tú vales mucho, aunque no te lo digan, aunque no lo sientas.

Al fin eres grande y no tienes idea de lo que eso representa porque no te lo enseñaron. Te enseñaron a obedecer, a bajar la cabeza frente a un adulto, a no salir porque las mujeres no salen, a aceptar que te tienes que casar porque ya no te pueden mantener. Ese hombre tiene que decidir qué es lo que te conviene, sin importar si estás de acuerdo o no, si te gusta o no... y tú... aceptas porque así te lo enseñaron.

Eso es lo que me enseñaron, pero ¿y lo que yo siento, pienso, quiero, deseo, busco, necesito? ¿Qué?

¿Qué hay de eso? No importa, ¿no le importa a nadie? Y mis sentimientos, ¿qué hago con ellos?...

Mujer, simplemente mujer...

8 DE SEPTIEMBRE DE 2007

Esa es la mujer de hoy de la que debemos sentirnos orgullosos y de la que debemos hablar… La mujer de hoy y de siempre…

¿Por qué nos cuesta tanto trabajo a las mujeres querernos, valorarnos y amarnos? Podríamos pensar que no nos enseñaron, sería una buena justificación, sonaría creíble para nosotras y para así poder seguir haciéndonos las sufridas… nos conviene… nos apapachan, nos dan regalos y luego nos quejamos.

Las mujeres tenemos que creer en nosotras, cerrar la contraportada del libro de la historia y comenzar un libro nuevo, comenzar una nueva historia, digna de la mujer de hoy: luchadora, valiosa, entregada, pero no tonta; libre, pero no libertina; amante, pero no fácil; dedicada, pero poniéndole un alto precio a su lucha.

La mujer de hoy, la que trabaja entregada porque le gusta, porque es inteligente, porque es calculadora, porque está dispuesta siempre que se la requiera, porque disfruta lo que hace, lo que vive, lo que ama, lo que siente, lo que busca, lo que espera, lo que anhela. Esa es la mujer de hoy. Ese es el libro que tenemos que empezar a escribir todos los días, ese es el libro que tenemos que llenar de hojas y hojas de acciones, de sentimientos, de logros, de conquistas, de retos, de un sinfín de esquemas que conformen y escriban de nuestra vida una vida digna de ser vivida. Una vida para amar, vibrar y sentirnos satisfechas.

¿Qué nos falta? ¿Qué queremos? ¿Qué estamos dispuestas a dar para que nuestra voz sea escuchada?, ¿nuestros sentimientos, entendidos?, ¿nuestra responsabilidad, reconocida?, ¿nuestro trabajo, valorado?

¡Decisión! Una simple palabra, pero que lleva una profundidad increíble. Lleva amor, confianza, ternura, responsabilidad, entrega, capacidad, libertad, inteligencia, lucha, madurez, hambre, dolor, alegría, llanto, autoestima, reconocimiento, valía, simpleza.

Todo depende de ti.

18 DE SEPTIEMBRE DE 2007

«Mucho gusto, encantado de conocerla, tiene usted ya un rato en la empresa y hasta ahora me doy cuenta de la capacidad e inteligencia que ha desarrollado a la fecha. Y es digno de admirar, permítame decirlo, con tantas responsabilidades que tienen ustedes en casa y todavía buscar el tiempo para prepararse y ser excelentes profesionistas, compañeras, amigas, amantes, madres, hijas, hermanas... Mis respetos, la felicito y déjeme decirle que estamos orgullosos de que colabore con nosotros. La promoción es suya».

Ja ja ja... Nos encantaría que nos dijeran eso, que nuestros oídos escucharan eso de nuestros maridos, de nuestros jefes, de nuestros amigos.

¿Y por qué no? ¿Por qué no arriesgar y dar el todo, como siempre? ¿Qué nos da miedo? ¿Qué nos preocupa? ¿Qué nos hace sentir que no lo hacemos? ¿Qué? ¿No somos capaces de sacar adelante una casa, una familia, un trabajo...? Entonces, ¡nos falta decisión!

Es ahora o nunca, es ahora o mañana, es ahora o algún día. ¿Eso queremos?, ¿por eso estudiamos?, ¿por eso luchamos todos los días?, ¿por eso nos la partimos en el camión, en el tráfico, en la ciudad misma?

Por eso y muchas cosas más, cerremos la contraportada del libro e iniciemos un nuevo caminar, un nuevo proceder, una actitud distinta para con nosotras mismas, para con el diario vivir... un nuevo libro de nuestra vida... una nueva historia...

Debes creer en ti, debes amar lo que eres, debes sentir que quieres ser reconocida por y para ti, debes sentir que vibras con el ir y venir diario, con el apapacho de tus hijos, con el amor del compañero, con la amistad de los amigos.

Mujer de hoy y siempre… Así es como la debemos ver… Orgullosos de que exista, orgullosos de quien es, orgullosos de tenerla… Orgullosa de ser mujer…

3 DE NOVIEMBRE DE 2007

Hoy amanecí, no sé si reír, llorar, agradecer a Dios o a la vida el haberme permitido hacerlo. Me siento harta de los niños, de la casa, de mi compañero, de mi trabajo… No está mal que lo diga, así me siento y por qué no decirlo… Me veo en el espejo y veo la misma historia. ¿Por qué? ¿Por qué lo permito?

Es difícil, sabes, el cariño de los niños es hermoso, se siente bello en el alma, es algo indescriptible; pero también se siente dolor por ellos, porque sufran, y no quiero; porque lloren, y no me gusta que lo hagan; porque padezcan, y no quiero vivirlo ni sentirlo. Pero también tienen que vivir, tienen que aprender a valorar y crecer, deben poner en juego sus propias armas para aprender a defenderse en esta vida… Tengo que dejarlos ser... Pensar más en mí…

No lo entiendo, dice que le importo, pero hace cosas que me lastiman, que me hieren, que sabe que me duelen en el alma y no piensa en mí. ¿O sí?

Él en el fondo a lo mejor también se siente incomprendido, habría que oír su historia, pero esa la contaremos luego…

Decía que me lastima, me duele su actitud, ¿por qué lo permito? Él sí se permite lastimarme, ¿o no lo sabe?, ¿se lo he dicho?, ¿le he dicho que me lastima lo que me dice?, ¿lo que me hace?, ¿la actitud que tiene conmigo? No, la verdad, no. En ocasiones le contesto cosas que me dice y me parecen absurdas, necias, tontas, y acabamos gritando… discutiendo.

No hay comunicación, no hay diálogo. Hay molestia, malestar. Además, logra hacerme enojar. ¿Por qué? ¿Por qué me enojo? ¿Por qué no respeto que él piense así, que sea así? No me debería enojar, no debería molestarme. Él es así, que me enoje yo es otra cosa. Mira... uno puede ser como es, el problema está cuando el otro no acepta que uno sea así, no respeta que uno es así, que a lo mejor hay cosas que no le gustan, que no acepta, que no entiende; pero si lo quiero y me quiere, y sin embargo, siento, vivo o anhelo algo que no existe y que acepto nada más.

20 DE NOVIEMBRE DE 2007

Es importante darme cuenta, para poder darle forma a mi historia, al libro de mi vida.

El otro día le dije: «Oye, ¿me podrías ayudar con los niños?». Y lo de siempre: «Yo trabajo para que tengan todo, todo, para que nada les falte. Estoy muy cansado, espero que entiendas. ¿Sabes dónde está mi camisa azul…?».

Porque no me puedo acostumbrar, porque en el fondo no lo acepto, no estoy de acuerdo, porque no me gusta no ser valorada, no ser aceptada y reconocida, en el fondo me duele, y necesito sentirme querida, amada, extrañada, reconocida… y un sinfín de cosas que necesito.

¿Me lo puedo dar? ¿Me lo puedo proporcionar? Por supuesto que sí, por supuesto que debo luchar por lo que quiero, por lo que necesito para sentirme bien conmigo.

Tengo que aprender a no depender de nada ni de nadie, más que de mí. Tengo que creer que puedo ser una mujer admirada, que puedo ser una mujer inteligente, entusiasta, sensible, que es simplemente mujer, con todas las incoherencias que nacen de mí…

¿Y ahora qué? ¿Ahora qué sigue? ¿Seguiré haciéndome la sufrida?

No sé por dónde empezar, esa es la realidad, no sé dónde está la hebra del hilo, no sé ni siquiera por dónde inicia… ¡No quiero darme cuenta de que en mí está la decisión!

Ja ja ja, me encanta pensar así, justificando luego mi proceder, mi… no tomar decisión, mi… no tener que ubicarme, mi... no tener que pensar, mi…

¿Hasta cuándo…? ¿Hasta dónde…? ¿Hasta siempre…? ¿Seguirá siendo así?...

13 DE ENERO DE 2008

Hoy veo las cosas de una manera distinta, también es bueno reconocer que una tiene estos altibajos, no siempre es la mujer fuerte, dura, luchadora. También nos cansamos, nos queremos recostar en el hombro de alguien, cualquiera que este sea, queremos no sentirnos solas, no sentir que la carga de siempre está en nosotras y nada más.

Pero, siempre hay un «pero», soy orgullosa y no quiero dejarme ver, dejarme sentir; pienso que si me aguanto ante los ojos de los demás, me seguirán respetando, elogiando. Me cuesta trabajo, pues es el orgullo lo único que creo vale.

Pero ahora he decidido tomar las riendas de mi vida y empezar a crear mi propio mundo, mi propio espacio, mi propio bienestar. ¿Qué me falta? Abrir la puerta de mi interior y empezar por aceptarme como soy, con todas las loqueras que se me ocurran. Si me quiero vestir de verde, pues verde me pondré, claro, sin perder la elegancia que me caracteriza.

Ja ja ja, ¿y ahora cómo podré sacar valor? Tengo que empezar por reconocer que no soy fea, tengo presencia, a lo mejor me falta un poco de altura, pero los zapatos ayudan.

Lo importante es el interior, es la actitud que uno tenga ante la vida, las cosas, las situaciones, el día a día. Eso es lo realmente importante, porque de nada sirve el exterior si el interior sigue igual de chiquito.

Tengo que empezar por sentir amor desde mi corazón, todos los días agradecer a Dios que me haya permitido amanecer y bien, porque no me falta un brazo o un pie como para no agradecer, y luego creérmela, creer en mí, en que soy capaz de hacer lo que estoy haciendo y muy bien porque tengo la capacidad para hacerlo, la preparación para mejorarlo y la entereza para ayudar a quien está conmigo en esta lucha de todos los días.

Yo puedo hacerlo y estoy segura de hacerlo bien.

10 DE FEBRERO DE 2008

Es increíble que en este siglo XXI sigamos dependiendo del amor que nos pueda dar un hombre. No es posible creer que los necesitamos, eso es cierto, que dependemos de ellos de muchas maneras... pero ¿por qué es así?

Claro que no queremos aceptar que esto es así, porque nos hace sentir que somos menos que ellos. Por darles primero crédito a los sentimientos, nos olvidamos de quiénes somos, y si estamos anteponiendo siempre lo que sentimos, no está mal, mientras tengamos el control, pero cuando la sartén completa la tiene el otro... ¡qué dolor...!

Recuerdo cuando lo conocí. Era amoroso, tierno, entregado, dedicado, detallista... Tenía una labia que me derretía. Me dejaba envolver y me encantaba... Me enamoré...tonta de mí. Permití que me lastimara, que afectara eso que estaba descubriendo que era capaz de sentir. ¿Por qué?

Él simplemente jugó sus cartas, él está bien. Yo permití que traspasara mis sentimientos. ¿Y qué pasó? ¡Lo permití! Permití que me doliera hasta el fondo de mi ser y yo estaba descubriendo el amor... simplemente el amor... Cuán tonta fui... Pero lo viví, lo sentí...

Nosotras tenemos que darnos cuenta de que nos entregamos porque queremos hacerlo, sentirlo, vivirlo, y por consecuencia, nos lastimarán, pero porque nosotras queremos... Ellos no están mal. Entonces, ¿qué debo hacer...?

Cuando descubras en ti amor, sentimiento difícil de canalizar, seguridad, confianza, responsabilidad… estarás apta para controlarlo, manejarlo, entenderlo y, entonces, estarás con posibilidades de compartirlo… Antes no… porque te lastimas, te dañas, no entiendes y juzgas a todos por igual. Y los sentimientos ¿dónde quedan? Ya sé que no es fácil descubrir en una misma ese sentimiento tan grande como es el amor… Pero ¿sabes qué? Cuando logres ver dentro de ti, cuando logres darte cuenta del sentimiento que vive en ti, serás capaz de amar y de que te amen, de respetar y de que te respeten, de disfrutar y de que te disfruten, de entregarte y de que se entreguen… La pauta para seguir la das tú, nadie más. Tú eres la que guiará tu sentimiento, tu entrega, tu dedicación hacia la persona indicada, ya que te permitirá vivir y ser feliz. Descubre en ti la facultad de amar y luego disfruta hacerlo, pero sin que tu autoestima se vea dañada, sin que tu integridad sea dañada… Porque, ¡ah!, ¡qué daño hace! Todo es malo y feo y duele, sí que duele…

Te quiero, te necesito, te odio y te desprecio, pero no me importa mientras sienta que estás ahí, que existes para mí, para quien soy yo. Permíteme amarte, quererte y, aunque sea egoísta, permíteme ser feliz.

Lo harás…

18 DE MARZO DE 2008

Saber que existes, que estás ahí, me descubre con mil colores una existencia etérea, sublime, sombría. Me hace vibrar la posibilidad de vivirte nuevamente.

No sé por qué, no sé por dónde empezar… para sentir, para latir, para emocionarme, para embelesarme con saber que te vuelvo a sentir, que te vuelvo a ver, que te vuelvo a vivir.

Hay un mundo que no puedo sobrellevar, que no puedo creer, que no puedo sentir y me hace dudar, me hace llorar, me hace recriminar, me hace doblegar, me hace no creer en mí.

«No seas tonta», me dicen, «no creas todo lo que vociferan, no seas loca y rompe con la atadura del ayer, del porqué del abandono, del desasosiego que te persigue y te atosiga. No seas necia y persistas en el vacío de tu existir, de la añoranza de antaño, de la esperanza del mañana, del bien vivir y sobrevivir, de no creértela, de no confiar, de no soñar, de no amar».

Y me pregunto: ¿Por qué a mí? ¿Por qué tú? ¿Por qué aquel no? ¿Por qué juzgas? ¿Por qué te burlas? ¿Por qué te ríes? ¿Por qué minimizas el esfuerzo de alguien? ¿Por qué no valoras tu presencia, tu entrega, tu razón de ser, de existir? ¿Por qué no valoras que te amen, que te quieran, que tengas la capacidad de hacer sentir a los demás?

No dudes, mi niña, no pierdas tiempo de tu vida diaria, no pongas en riesgo la felicidad que estás a punto de sentir, de vivir.

El amor que puedes sentir, que te hace vibrar, llorar, reír, pensar, creer.

Mi niña de hoy, mi niña de ayer, mi niña de mañana, mi niña de siempre, soñadora, luchadora, entregada, incrédula, miedosa, temerosa, siempre… mi niña.

Aquí estás y lo verás porque quieres ver, lo sentirás porque quieres sentir, lo amarás porque quieres amar, lo perdonarás porque quieres perdonar, lo disfrutarás porque estás dispuesta a disfrutar. ¿Me crees? ¿Me escuchas? Aquí estoy, ¿sabes? Todos los días regreso, todos los días me gusta verte, oírte. Te expresas muy bien de mí, me alimentas mi ego, mi alma… ¿ves? Yo también te necesito, yo también necesito saber que alguien se preocupa por mí, que le interesa saber qué pasó… por qué no estuve hoy… Gracias, gracias mil por darme tanta felicidad al saber que soy importante para ti… Mañana… mañana será otro día, y seguramente volveré y volverás, y nos encontraremos para charlar.

Un beso.

14 DE ABRIL DE 2008

Entonces él dice: «¿Qué pasa contigo, por qué no te levantas? Los niños llegarán tarde, no han desayunado y tú tampoco. ¿No estás lista? Siempre lo mismo contigo.

»Si lo hubiera sabido no estaríamos juntos, pero ahora, ya ni modo, me aguantas y te aguanto, ya mi madre me decía: "Piénsalo bien, piénsalo bien, pues esta muchacha no te conviene y no hice caso".

»No sé qué va a ser de mi vida, estoy harto de ser quien se preocupa, quien se siente responsable de esta familia, quien se tiene que tragar todo para no tener más problemas, quien paga la educación de mis hijos.

»Qué difícil es la vida, qué difícil es equivocarse y no saber retroceder, no saber decir hasta aquí, hasta siempre, hasta nunca. ¿Y sabes por qué? Porque uno no sabe ser malo, no sabe ser doble cara, no sabe ser rencoroso, no sabe estar solo, por orgulloso, por lo que pensarán los amigos.

»Bueno, es mejor decir qué difícil, que aceptar que soy un débil, un necio, un terco y ahora ¿qué?, ahora, ¿qué seguirá?, ¿que hubiera sido si cambio el rumbo de mi vida?, ¿que hubiera sido si me hubiese ido antes de llegar a esta situación, si hubiera tenido la fuerza y seguridad de tomar y decidir el rumbo de mi vida?

»Pero el "hubiera" no existe, el hubiera no está y no estará, así es que ahora he decidido que me voy, que ya no acepto seguir viviendo así, bajo este techo que se está cayendo a cachos, bajo estas paredes que se están desmoronando una a una, por todo lo que han visto. Lo único que sostiene a esta familia soy yo, son mis logros, mis retos, mis responsabilidades y mis entregas, mis sueños y mi realidad, mi todo. Ya me cansé.

»Me voy, ¿me escuchas? Me voy y no regreso, y no me busques. ¿De los niños? Ni te preocupes, mi madre se hará cargo, porque se quedarán conmigo, oíste, sé que siempre han sido un estorbo… ¿Me escuchas? No estarán más contigo. No te merecen.

»Nunca pude convencerte de que lo que sentía por ti era cierto. A mi manera, te quería. Era verdad, si te reclamo siempre, es porque no me haces caso, no haces lo que yo digo, no me obedeces…

»Siempre me dices que yo no me esfuerzo, que yo no te hago caso, que llego muy tarde, que no te doy lo que mereces…

»No te hagas la tonta y despierta ya, me vas a decir que estás muy cansada de todo el día de ayer, de todo lo que haces y haces mal, ya levántate y dame de desayunar… ¡Carajo!, ¿qué pasa contigo, mujer?, ¿qué tienes?, ¿por qué no te mueves?...».

»Amor, ¿qué tienes? Mi vida, ¿qué pasa? Cariño, tanto tiempo que llevamos juntos, no me puedes dejar… ¿Te sientes mal?, ¡háblame!, ¡despierta! ¿No ves que me estás asustando? No seas así, ¡no puedo estar sin ti! Dame un beso, te amo tanto, siempre te lo dije, ¿recuerdas?, ¿o no? ¿No te decía que te amo mucho, no te decía cuánto me haces falta…? Todo lo que haces bien con los niños, lo hermosa que tienes la casa, lo limpia que siempre está nuestra ropa, lo bonita que eres, lo tierna que siempre has sido conmigo, los consejos tan importantes que me has dado, tu apoyo incondicional para todo.

»No sabía cómo hacerlo, no sabía cómo demostrarlo. ¿Me perdonas? Te amo, te amo, no me dejes. ¿Qué hare sin ti? ¡Dios!, ¿por qué me pasa esto a mí? ¿Por qué si yo la amaba tanto, si era todo para mí? ¿Por qué así? ¿Por qué si ella era todo? ¡Hacía todo! ¡Vivía para que nosotros fuéramos felices!

»¿Y los niños? ¿Qué será de ellos sin su mamá? ¿Por qué, Dios, por qué?

»Mañana… será mañana… ¿Y hoy?».

18 DE MAYO DE 2008

«¿Qué pasa con todos?, ¿por qué se han ido?, ¿me han dejado?, ¿por qué?». Piensa él. «¿Por qué lloran si no me he muerto? ¿O sí?… ¿Por qué se van? ¿Por qué no son las cosas como uno las planea? ¿Por qué siempre tomamos la vida por el lado equivocado? ¿Por qué Dios no me ayuda a salir de todo esto? ¿Qué pasa? ¿Por qué están así?

»Y comienza el "hubiera"… comienza el ayer, comienza la añoranza de tiempos aquellos, de horas perdidas, de recuerdos callados y cálidos, de atardeceres increíbles y me digo y me dicen: "Qué alegría verte, estar contigo, disfrutar de tu presencia". Y no entiendo y no comprendo, lo único que sé es que si hubiera hecho, si hubiera oído, si hubiera entendido, si hubiera…

»¿Qué me pasa? ¿Por qué no siento nada, no me duele nada? ¿Dónde estoy? ¿Qué estoy haciendo aquí? ¿Me estoy muriendo?

»Tenía todo y no lo entendí, no lo comprendí. ¿Me entiendes…? No sabía que lo tenía, no sentía que me amaban, no sentía que los quería. ¿Sabes qué es sentir…? Porque yo hasta ahora lo entiendo… hasta ahora lo comprendo. Qué lástima que haya tenido que ser de esta manera…

»Veo a mi ma que llora, le hago daño y le hice mucho daño… Mi pa siente dolor, se le nota, o a lo mejor es pena, sí, es pena ajena, porque debe pensar: «Pobre, pobrecito, mira cómo está». No quiero que me tengan lástima, pero ahora eso no importa, ya no puedo decir ni siquiera eso, ya no les puedo decir ni siquiera cuánto los quiero, cuánto los quise y cómo lamento no haber tenido el tiempo para despedirme…

»Ahora es tiempo de agradecer… de entender que la vida fue muy buena conmigo, me dio una esposa, unos hijos, unos padres, unos hermanos que no valoré, que no quise conocer y sí quise corregir, criticar, cuestionar, sin que me importara lo que ellos pensaran o sintieran. Era lo que yo decía y nada más.

»¿Sabes, ma…? Te quiero mucho, mucho… Es algo que siento aquí, adentro, me acuerdo de cuando me bañabas, me vestías, me llevabas al colegio, me ayudabas con las tareas, me regañabas porque no las hacía bien. Ja ja ja, ¿hasta cuándo? Me decías que debía de ser así para que me hiciera grande y fuerte. Recuerdo cuando nos llevabas al cine, a la feria o nos dejabas jugar en la calle y te enojabas porque regresaba tarde. Ay, ma… si supieras cuánto te quiero, cuánto cariño me diste sin pedir nada a cambio, sin esperar más que una caricia o un beso mío. Ahora quisiera llenarte de besos y decirte gracias, gracias por tantos consejos, por tanto cariño, por todas tus enseñanzas, por tanto amor… Si pudiera decírtelo…

»Ay, pa, si supieras… Cuando era niño, te veía tan grande, tan fuerte y pensaba, por eso, ma dice que me regaña para que sea como pa y mira, sigues siendo para mí el hombre fuerte y entregado que has sido, responsable y exigente, pero amoroso. ¿Y de que sirvió? ¿De qué sirvió tu esfuerzo si yo lo he echado a perder, si yo lo he tirado? Perdóname… perdóname por no obedecer, por no creer, por pensar que estabas mal y que únicamente querías que fuera como tú, yo sentía que no me dejabas hacer lo que yo quería, lo que yo pensaba… y cuán equivocado estuve. No entendí, no comprendí tu proceder. Perdóname, por favor, pa, perdóname…

»Mi amor, eso fuiste, eso eres y eso serás, mi amor para siempre. Me diste dos hijos y no entendí que vivías para mí y para ellos sin acordarte de ti, sin pensar en lo que tú querías para ti. No tengo palabras de agradecimiento que cubran todo eso que fuiste capaz de despertar en mí, de hacer por mí. Mil gracias, ojalá ahora puedas ser todo lo feliz que querías ser. Perdóname por hacerte sufrir de este modo, y un favor, recuérdales a mis hijos cuánto los amé, cuánto deseé querer verlos crecer y hacerse hombres de bien. Diles que fui un hombre bueno, que cometí errores y que, aunque no lo creas, se arrepiente de ellos… Diles que los amo y los amaré siempre.

»Hermanos, nunca fui el hermano genial, humilde y entregado a los cariños carnales, nunca les dije que los quería, que estaba orgulloso de ellos, de lo que habían hecho por sus vidas… Lo lamento ahora, pero de verdad los quiero mucho y me hubiera gustado ser un verdadero hermano para ellos… Espero me perdonen…

»A Dios no le tengo más que agradecimiento por haberme permitido ser parte de la vida, por haber tenido la oportunidad de tener unos padres y unos hermanos como los que tuve, por haber tenido una profesión como la que me forjé, por haber tenido una vida como la que tuve, porque la disfruté y la amé como a mí mismo. Ja ja ja, qué ironía, ¿verdad? Ahora sí reconozco que amaba la vida y no la cuidé, no la valoré, y ahora no me queda tiempo de llegar a viejo con ella. La vida, si la hubiera entendido, si me hubiera enamorado de ella, no la habría dejado de esta manera, no la hubiera despreciado como lo hice… ¿Qué hubiera cambiado? Yo creo que nada, porque en cada día que viví, crecí, valoré, amé, lloré, reí y fui responsable de mí, me quise mucho, tanto que me olvidé de los demás, y eso es lo que duele… y duele mucho, de verdad que duele…

»Pero bueno… el tiempo te pasa factura y ahora estoy empezando a sumar los conceptos, y está llegando el tiempo de totalizar y no quiero… No me gusta la idea, no la acepto; pero ¿sabes qué? Ya no depende de mí, ya no puedo luchar, ya no puedo cambiar el rumbo que yo mismo le di a mi vida… ¡Quiero despertar!

»¿Por qué? ¿Por qué en algún momento decidí cambiarlo? No sé, no sé qué pasó por mi mente, qué hice que fuera distinto. Y aquí están las consecuencias y ahora debo aceptar, con un dolor inmenso, un dolor que me atormenta, que me tengo que ir, que me quedo sin ellos, que me quedo solo, como ahora que se han ido. Seguramente me dejaron para poder reflexionar y aceptar el camino que escogí… ¡No me quiero ir! De verdad, ¡quiero vivir! Por favor, ¡tengo mucho por qué vivir!

»Ahora sí quiero hablar. Ahora sí quiero decir lo que siento. Ahora sí quiero vivir para ustedes. ¡No!

»¡No me dejen, por favor! ¡No me dejen solo! ¡No! ¡Quiero vivir! ¡Quiero simplemente… ser feliz!».

14 DE JUNIO DE 2008

Es muy difícil convivir con alguien cuando ese alguien no quiere convivir contigo. Se vuelve obvia la falta de comunicación entre ambos y es importante que verdaderamente quieran estar juntos.

Es cierto que uno de los dos no quiere nada con el otro, pero ninguno de los dos lo acepta y les es difícil tomar la decisión de que las cosas no pueden ser como uno de ellos quiere, quienes a estas alturas están ya muy lastimados.

Qué pasó, qué fue lo que hizo que esto fuera distinto, que cambiara. Los intereses, los acuerdos, los proyectos de vida se separaron; los acontecimientos hicieron que las cosas fueran distintas, no sé... Pero de algo sí estoy segura, algo pasó.

Con el tiempo, los proyectos de vida se separan, cuando uno piensa en casarse de lo que menos se acuerda con el paso del tiempo es de regar la planta todos los días, todas las noches; y cuando eso llega a ocurrir, nada es lo mismo, nada es igual, los proyectos cambiaron..

En qué momento sucede, tampoco te das cuenta, no eres consciente de la situación hasta que la mayoría de las cosas ya se perdieron. Dicen que no se pierden, se esconden, pero yo no creo, sabes por qué, porque los proyectos se pierden...

Cuando empiezas una relación, pones en juego un montón de emociones y sensaciones que se despiertan con el cariño y el afecto que sientes. Pasan los días y ambos acrecientan ese cariño, pero después, con el paso del tiempo, te olvidas de todo eso que prometiste, de todo eso que los llevó a querer estar juntos.

Recuerdo que cuando éramos novios me decía: «Tú eres lo único que tengo en la vida que vale, porque te preocupas por mí, porque te interesa saber cómo estoy». Y lo mismo pasaba al revés, siempre estuvo ahí para mí en cualquier circunstancia.

Cuando decidimos estar juntos, empezó el problema, porque antes de lo que nosotros hubiéramos decidido, ya lo habían decidido los demás. No podíamos irnos a vivir juntos sin que antes su familia lo aceptara. En ese momento no lo sentí así, sentí simplemente que no quería tener problemas, sobre todo porque él era el apoyo de su familia.

Y luego, cuando decidió que alguien de su familia se fuera a vivir con nosotros, el problema surgió cuando una lo aceptó pensando en ayudar a que la familia fuera mejor y resultó que la que acababa apestada por haber permitido eso era una.

Ellos juegan sus cartas, ellos las ponen donde tú lo permites, y después, es muy difícil darte cuenta hasta dónde deberás permitirlo sin salir perjudicada.

El tiempo pasó y entonces ya éramos nosotros con hijos. Las cosas tenían que verse en familia y no fue así porque yo permití que, por llevar la fiesta en paz, él nunca se hiciera cargo de ellos. La verdad es que me daba miedo de que por su aferrado egoísmo no supiera cuidarlos.

En su casa todo el tiempo lo vieron como el que mandaba, el que decidía, como se veían hace muchos años a los mayores, ellos eran responsables de las decisiones que se tomaran en la casa; pero él ya tenía familia. No les importó y a él tampoco, creyó que lo podía manejar, y cuando eso sobrepasó su propio control, prefirió hacerse a un lado.

En una ocasión me dijo: «Tienes que irte con tu familia porque ya no te puedes seguir quedando en esta casa. La voy a entregar». Y yo estúpidamente y pensando: «Por qué está pasando esto», simplemente le hice caso y me fui, pero con su familia y como es normal, al tercer día, me dijeron: «Nosotros nos tenemos que ir de vacaciones». Y yo como tonta aceptando cada una de esas cosas.

Pasado un tiempo, decidí establecerme por una temporada en otra ciudad y estando ahí me mandaban para mis chicles, porque no había para más. Después me enteré de que la casa que era de él, y que debería de pasar a mis hijos, la vendió. Y yo me quedé asombrada por el cinismo con el que me comentó que, bueno, los hijos debían ganarse su propio terreno, así como él se lo había ganado.

Seguramente tenía razón, pero mis hijos eran muy pequeños y no era justo. La frustración de que no le hayamos importado como familia al grado de deshacerse de la casa que era un patrimonio para ellos fue un balde de agua fría.

10 DE JULIO DE 2008

Nadie te dice cómo ser mamá, y una de las cosas importantes de ser mujer es eso, dicen…

No se estudia, simplemente porque te cae, porque quieres, porque lo buscas o porque te tocó. Privilegio que no todas las mujeres tenemos, pero empezaremos por decir si esto es de veras un privilegio o una carga, o una función que tienes sin haberla buscado, o habiéndola buscado, o queriéndola, deseándola, o que…

Tener un hijo es «bonito», es ver la naturaleza en todo su esplendor, es creer que es lo máximo que te puede pasar en la vida: «dar vida». Y seguramente sí, científicamente esto está comprobado, pero será agradable, padre, bonito, hermoso, sentimiento que se desarrolla en nosotras las mujeres al sentir dentro de nosotras que algo late, siente, piensa y vibra como nosotras; y desde allí sintiendo como nosotras: coraje, odio, rencor, sentimientos de dolor, de rabia, de alegría, de gusto, de sabor; porque todo eso se transmite, se plasma en uno y en otro.

Y eso importará cuando ya esté contigo. ¿Será beneficioso para él o ella? ¿Será bueno que haya sentido contigo todo aquello? Porque crecerá con todo eso que le transmitiste desde que lo concebiste. Entonces, ¿será bueno? Pero…

Qué padre, qué emoción, una extensión de ti, un hijo del hombre que has amado toda la vida. Ya tendrás a alguien a quien cuidar… además de él, aconsejar, amar, como a ti misma. ¿Será? Será posible que una vez que tengan que llevarte al hospital una y otra vez porque se complicó, porque hay que someterse a revisión, porque hay que ver y asegurarse del desarrollo del embarazo. ¿Pensarás qué padre, qué emoción? ¿Qué bello tener un hijo del hombre que amo…? Pero…

La naturaleza es tan sabia, que sabe actuar como y cuando lo requiere, por eso dicen que no se les da alas a los alacranes, pero les damos sentimientos, emociones, les transmitimos un cúmulo de no sé qué, que los atrofia, ah, y también un cúmulo de no sé qué, que los hace triunfadores… después de padecer el embarazo… Y entonces, luego, entonces…

Tener un hijo no es fácil, no es una gracia, no es un premio —aunque quien no lo puede tener dirá que sí—, no es agradable, no es beneficioso, no es sencillo; pero ¡es bien bonito!

Lo que es increíble es que la gente siempre te dice: «Ay, qué padre, qué bello dar vida». Y comienza un cúmulo de recomendaciones, que si para la panza, que si para los mareos, que si para el cutis, que si para el cabello, que si para… Un sinfín de cosas a las que sinceramente pocas veces les haces caso… Y comienza la aventura…

Si te va bien durante los nueve meses, ya la hiciste, porque si no desde los primeros meses comienza un penar…. que no puedes comer nada porque te cae mal al estómago, que no puedes dormir porque a cada rato vas al baño, que tienes sueño todo el día, que estás de mal humor, que nadie te hace caso a ti, que nada más preguntan por el bebe (que todavía no está completo) y empieza un sufrir (a medias) porque también te tratan de hacer sentir que es lo máximo, que es lo mejor que te podría haber pasado… que deberías de estar agradecida con Dios por haberte hecho concebir y un sin número de adjetivos calificativos que la verdad te los crees.

Y pasan los primeros meses en los que hasta tú has creído que esto es una emoción, un premio y comienza el crecimiento de la panza de momento hasta tú te la crees y te dices qué bonita estoy, qué bien me veo embarazada, han de ser las hormonas que se generan y miles y miles de calificativos geniales; en ese momento comienza tu historia.

11 DE JULIO DE 2008

Tienes que ir al médico mínimo una vez al mes (después ya ni te acordarás de hacer esto) y no por ti, sino por el bebe, para saber que está bien y pensando que ya lo quieres tener contigo y que lo quieres sentir, y, ¡oh!, comienza otra etapa…

Ya te cuesta caminar, has subido mucho de peso porque todo el tiempo te da hambre, te dan calambres, te da mucha sed y no sales del baño por tanta agua que tomas, y sobre todo, no puedes dormir y empieza tu tortura porque además tienes otros niños o un trabajo o un negocio… El caso es que además de estar embarazada no se puede parar el mundo, tienes que seguir y sin dormir. Qué horror…

Pero bueno, ya lo único que quieres es que acabe, que termine y si lo disfrazas y dices (inconsciente) ya lo quiero tener conmigo, ya lo quiero dormir yo… la realidad es que tienes sueño, estás harta de no salir del baño, estás harta de tener dificultades a la hora de hacer popó, estás harta del calor y de acostarte, ya que no puedes respirar, las piernas ya no las aguantas y tienes que trabajar y atender a los otros y al marido…

Y luego, la gran dicha, comprar cosas para él o ella (que te deja en seguida y nada más gastaste) pero te emociona comprar, y te emociona el saber que el motivo para que tengas lana es que tienes que comprarle cosas al bebe y por ahí te compras cosas tú… esta es la gran verdad… no es tan fácil comprarnos algo… a no ser que… estemos embarazadas… ja ja ja.

Pero bueno, sigamos, y ahora ya nació. Te preocupas por la cuenta del hospital, así que hay que salir rápido para no gastar de más; y luego por lo que requerirá al principio así es que, sin reponerte del todo, ya vas para afuera, toda adolorida que si te va bien en una semana ya estás bien, dentro de lo que cabe, pero si no, y te hicieron cesárea, pues a cuidarte porque si no vienen las complicaciones de la herida. Y los primeros días la mamá, la suegra, las cuñadas, las hermanas y los metiches, ahí están todos, como si quisieras tú ver a alguien, toda jolina y maltratada, sin arreglar, sin poder bañarte bien, a gusto. Pero ahí estás escuchando la sarta de tonterías o verdades, las recomendaciones a medias de cada una de las gentes que te visita. Que si es mejor esto, que si es mejor aquello, que tomes esto, que tomes lo otro, y así un sinfín de cosas, que acabas haciendo en el mejor de los casos, lo que tu ma diga o lo que tu suegra diga, porque si no él se enoja, pero nunca lo que a ti se te podría haber ocurrido… Y eso solamente es el principio…

Ya pasó el encanto de los primeros días, y las visitas y ayudas se empiezan a alejar y alejar y alejar, y ahora viene la verdad. Que el niño llora y te tienes que levantar a darle de comer, que el niño está llorando y te tienes que levantar a cambiarle el pañal, que si ya amaneció y el niño ya tiene hambre y tú ni siquiera has dormido bien, que si lo vas a bañar y tú ni siquiera te has bañado bien porque todo te duele, y si le das de comer ya no aguantas los senos, te arden, te duelen y te mandan medicamentos o fomentos porque se te agrietaron o se te abrieron y no te la acabas. Y tú a llore que llore porque ya no aguantas, y ni modo, el niño tiene hambre… y es importante porque así te han hecho creer que el alimento materno es lo máximo. Y ahí estás a llore que llore, pero dándole de comer al niño y con el estómago que ya no lo aguantas por lo inflada que estás, hasta de reírte te duele, y te tienes que curar la herida, y alguien te tiene que ayudar a amarrarte para que no se te vayan a quedar los cueros colgando (que de todos modos te quedan) y a empezar a olvidarse de uno, de quién eras hasta que supiste que estabas embarazada… El día en que de verdad cambió tu vida y no lo ves o no lo entiendes, sino hasta que estás en este momento de tu vida. Quieres algo, ya no, primero los niños; deseas algo, ya no, primero los niños; te gustaría algo, ya no, primero los niños. Luego, entonces, ¿y tú qué? Será hermoso ser mamá, será bonito ser mamá, será bello ser mamá, será reconfortante ser mamá, será alentador ser mamá, será… será… será…

Y continúa la película… Empieza a caminar, empieza a tomar cosas, empieza a enfermar, empieza a crecer y tú, a envejecer… Porque, ¿sabes qué? No procuramos aprender a caminar con ellos, a tomar cosas con ellos, a enfermarnos con ellos… Empezamos a caminar al lado de ellos y nos olvidamos de crecer con ellos… Y el amor es por ellos y para ellos, y nosotros, ¿en dónde quedamos nosotras, si al fin y al cabo es por ellos?

18 DE AGOSTO DE 2008

Ahí está, sonriente como siempre, tratando de ser feliz en todo momento… Eso es algo que siempre recordaré de él… No importa cuántos problemas tenga para resolver todo lo que le acontece… Siempre en él hay una sonrisa… Yo creo que es la persona más positiva que he conocido. ¿Y sabes qué lamento? No haber estado hasta el último momento con él… No sé por qué, pero algo me faltó… Algo no alcancé, me encantaba que siempre me dijera: su flaca, su morenita linda… Recuerdo cuando me iba a ir de la casa yo le decía: «¿Por qué no me dices quién es mi mamá?, ¿por qué no me dices por qué ella no me quiere…?». Y tu sonrisa siempre acompañada por un beso lo dice todo… «Estás pequeña y no entiendes…».

Pasa el tiempo y estás ahí… corriendo por entre tus animales de trabajo que disfrutas y si no, eso se ve porque sonríes… El tiempo acabó muy rápido contigo… El cuerpo no aguantó… Tu mente y tu espíritu están ahí… No esperas que la muerte te llegue tan rápido y tan joven… tienes muchas cosas que hacer.

Era un día cualquiera como hoy estamos corriendo para ir al colegio vas con tu suéter rojo para cubrirte del frío del amanecer. No sé qué pasa, pero se hace tarde y nos apresuras, nos dejas y regresas a disfrutar del desayuno que ma ya te está preparando, pero sobre todo a admirar la entrega y dedicación que ella tiene contigo: te lleva las cuentas, te recrimina porque no le checan, porque algo no cuadra, porque te gastaste más de lo previsto para la semana… Hay que cobrarle a la güera, y con eso hay que ir al rancho en la noche para hacer el marcado de los animales te hablan de Pénjamo y dicen que llegan por la noche, mandas a cobrar a los negocios y te vas a acostar para recuperarte para la noche.

Ma disfruta tener que ir al mercado de la Río Blanco a comprar la carne y la verdura para hacer la comida del día… Se encuentra a la del pollo y le pregunta cómo está y le pide tres pechugas para hacer ensalada de pollo que le encanta; y compra con el carnicero la carne para el salpicón que es el que le sale mejor… Sin dejar de pensar que a Luisa y a Paty les parece muy bueno tener que comer salpicón o ensalada. De regreso a casa ma pone a cocer el pollo y termina de cocinar las verduras para la comida. Te avisa que ya llegó el cobro y te levantas y lo recibes. Te molesta que no te hayan pagado todos porque tienes que pagar la hipoteca de la casa y la mensualidad del carro. Pero no importa, irás al rancho por la noche y Dios dirá al día siguiente.

Vivíamos en una casa grande y todos a la mesa. ¿Te acuerdas de la señora que pasaba por la ventana y nos veía a todos sentados? Ja ja ja, y era un pasadero de sal, salsa, cubiertos, frijoles y un sinfín de cosas… Fueron tiempos muy padres y muy dolorosos también. Yo sentía que nadie me quería, una ocasión en que salimos de fin de cursos nos dieron un regalo y yo no había salido bien en la escuela y mi ma te dijo: «A ella no le des porque no se lo merece». Cómo me dolió, pero luego tu me diste a escondidas esas plumas que me habías comprado… Tiempos aquellos de altibajos…

Te quiero mucho, pa… Recuerdo, te lo digo porque siento que nadie más que tú me quieres… no lo sentía de nadie más, aunque eso no es cierto… Ahora lo entiendo…

Ahora el tiempo pasa y comprendo cuánto hiciste por mí, cosas que en aquel tiempo no entendía, la entrega a tu manera, desprovista de interés y de apego, y siempre pensando en los demás y por último en ti… Qué pensabas, no sé, pero algo sí tengo claro: los demás eran importantes para ti…

19 DE AGOSTO DE 2008

Recuerdo cuando te quitaron el negocio, ¿te acuerdas? Era tuyo y te dolió mucho, pero lo no dijiste a nadie, a lo mejor a ma sí... ¿Por qué lo permitiste? No lo entendí, por qué aceptaste no lo comprendí. Ahora sé que eras simplemente tú, no importaba qué te hicieran o qué hicieras, simplemente así tendría que ser... No tuve tiempo de preguntarte, de reclamarte, de cuestionarte... Años después comprendí que no tenía por qué hacerlo, era tu vida y así habías querido vivirla, seguramente no fue lo mejor... ¿O sí?

Recuerdo cuando decías que quisiste ser médico, lo decías con orgullo... que habías estudiado hasta el segundo año... si las cosas hubieran sido mejor para ti, seguramente hubieras terminado y serías un gran médico... pero no, no supe por qué no insististe en que fuera así... Cuando Paty quería estudiar, recuerdo que ma decía que no porque se iba a casar rápido, seguramente recordaste que eso te había pasado a ti y reconsideraste y aceptaste que ella estudiara; pero se enamoró, no terminó y, además, se embarazó... Pero esa es otra historia que contaré más adelante.

Retomando el tema de por qué no quisiste defender lo que con tanto sacrifico habías logrado levantar y hacer grande. Ya eran tres mil animales en un lugar pequeño, lo que implicó que crecieras, y las pailas ya eran más, y además, ya tenías quién se quedaba con la manteca, con toda —han de saber que la manteca es lo que salía de la grasa que quitaban de la piel del animal, se fundía y se hacía la manteca que después se vendía a los negocios.

Y Julio, ¿te acuerdas de él? Cómo te quería y cómo te ayudaba, siempre estaba ahí, al paso de los años se casó y tuvo hijos, ahora no recuerdo cuántos, pero siempre fue tu fiel amigo.

Cuando todo esto pasó, perdimos la casa y las otras casas, y además nos fuimos a vivir a otra casa, no sé cuál fue la primera, pero de la que sí me acuerdo es de la del sur, ahí donde tú acabaste y te llevaste tu historia, tu cuerpo y tu alma, pero tu cariño se quedó con nosotros para siempre...

8 DE SEPTIEMBRE DE 2008

Una puede pensar que la vida es fácil… y así me dijeron. Pero un día un grupo de gente amablemente me invitó a participar en un grupo en el que había que hacer reír a como diera lugar. Me dieron la cita y la hora para acudir, y ya ahí me entregaron un reglamento para que lo leyera y, si estaba de acuerdo, lo firmara y se los regresara el día que me presentara. Me dieron una nariz roja que tengo que ganarme poco a poco para llegar a la dorada, me indicaron que había que ir con una bata blanca sin logotipos y nada más. El día de la reunión me darían más indicaciones.

Es muy interesante descubrir un mundo que una se imagina que no existe, que cree que puede existir, pero que ni idea tiene de lo que eso significa…

La terapia —porque es terapia para uno, no para ellos— es simplemente la caracterización de un personaje, el casi payaso, el doctor con cara dibujada que llevará un poco de alegría y distracción a niños y a adultos enfermos o a niños de las casas de estancia, o a niños de los orfanatos, o adultos en las casas de asilo que viven esperando un mañana mejor…

Hay un montón de historias que se pueden contar, anécdotas que hay que platicar, sueños que se pueden lograr y llantos que no se pueden evitar.

No hay manera de explicar lo que uno siente al ver a un niño padecer una enfermedad que no entiende, el dolor que le representa una inyección, unas tripas que le ponen, un aparato que todo el tiempo está pitando, gente con bata blanca que en ocasiones, si bien le va, le hace caso o le hace daño. Eso cree, no sabe que le hará bien, simplemente él sufre, le duele, llora y suplica que lo dejen en paz.

Qué difícil es aceptar que no puede estar como cualquier niño o niña que juega, platica, ríe alegremente con sus amiguitos. Simplemente no entiende lo que le sucede.

Y nosotros, los adultos, en nuestro interior, lloramos por verlos sufrir. ¿Para esto los trajimos al mundo? No, no hubiéramos querido que enfermaran, que se lastimaran, que atentaran contra su vida; pero ahí estamos, pidiendo a Dios que se recupere pronto.

Encuentro a una mamá que toma la manita de su hijo de un mes de nacido y comenta que ya está mejor. «Se está recuperando», dice ella. No sabe leer, no sabe escribir. Me fijo en la placa que tiene en la cama y dice: «Agua en el cerebro». Le pregunto al médico cómo está el bebe y dice: «Bien, no tardará en morir». La mujer, sin saberlo, se está despidiendo de su bebe. Sufre, llora, lamenta que su esposo la vaya a dejar porque no puede tener hijos sanos. «Qué pena», se lamenta.

Seguramente, muchas personas no podrán entender nunca lo que significa para nosotras el tener un hijo. Emocionalmente mucho, porque por alguna razón, que no me interesa aclarar, estamos para sufrir.

También está la historia de la niña que se cayó de la bicicleta e iba tan rápido que se volcó y rompió huesos de su cuerpo. Y ahí está la mamá regañando por no haberse fijado, angustiada; y por ello no razona, regaña, grita y asusta a la niña, piensa que está bien que lo haga para que no vuelva a pasar.

Pero sufre, llora en silencio, porque no hubiera querido que su niña pasara por eso.

Cada una de estas vivencias son enseñanzas para las mujeres, son carreras en la vida que tienen que librar junto con todas las responsabilidades que traen a cuestas.

No está mal que sufra, que llore, que lamente la vida que tiene. El problema es que no se ocupa por modificar el día a día. Creemos que no sabemos cómo, que no vamos a poder, porque es más fácil sufrir. A fin de cuentas, eso nos sale muy bien.

Las mujeres tenemos que aceptar y creer que podemos con esto y más, que tenemos que valorarnos y hacer que nos valoren. Seguir llorando, dudando, pero saliendo de estos baches con orgullo de haber logrado lo que nos proponemos en el camino, porque está en nosotros que sea distinto.

Hay que vivir mejor por nosotras mismas.

10 DE OCTUBRE DE 2008

Es difícil entender situaciones en las que por necesidad uno tiene que seguir y seguir para llevar el pan de todos los días. Y no es que una se haga la sufrida, pero además de que tiene que trabajar fuera de casa, todavía tiene que llegar a para hacer mas labores de allá.

Quisiera entender muchas de las actitudes o formas que llevan a una persona a sentirse más que los demás. Quizás sean los años de esfuerzo que ha tenido a lo largo de su vida, pudiera ser todo lo que ha tenido que sufrir para lograr lo que ahora tiene; pero creo que eso es lo que debiera de pensar antes de tener una u otra actitud, ya que si lo vivió y lo sufrió, por qué desear que otras personas lo sufran y lo vivan.

Hace algún tiempo alguien me dijo: «¿Y este quién se cree para tratarme así?, yo soy el jefe y mis años de batalla me han costado». ¿Tendrá razón? No sé, pero lo que sí entiendo es que la soberbia daña a quien no sabe manejar el poder por el poder mismo.

Después de un tiempo supe que la habían corrido. Es madre soltera y tiene dos hijos en edad escolar, a quienes su mamá cuida y además mantiene. Tenía ya algún tiempo sin trabajar y, como todo mundo, nadie prevé estas situaciones y no hay ahorro que alcance.

Así como esta señora, hay muchas en el mundo que tratan de saltear muchos problemas cotidianos, muchas lágrimas dejadas en el camino, muchos «amigos» que de repente desaparecen, mucha gente que se burla del dolor ajeno.

Con este esquema, ¿qué nos queda por hacer sin que nos sea cuestionado, criticado, sin ser señaladas como malas mujeres, como malas personas y malas madres?

¡Ánimo! Que siempre amanece el sol al día siguiente. No decaigan, no es posible que algo tan simple como estar sin trabajo haga de nosotras seres depresivas. Se vale llorar, se vale sufrir; pero hay que seguir, por nosotras primero y, después, por los demás, hijos, familia, etcétera.

La actitud que podamos demostrar porque la sentimos es lo que nos hará levantar la cara y entrarle nuevamente al cotidiano vivir. No importa el tiempo y dinero que se invierta para encontrar lo que buscamos. Lo importante es demostrarnos que por más alta que esté la cima, llegaremos. Somos grandes, somos audaces, somos guerreras. No será fácil detenernos, y nos será fácil demostrar que somos de un tronco duro de tirar.

6 DE NOVIEMBRE DE 2008

«Aprende a obsequiar tu ausencia a quien no valora tu presencia».

Es muy difícil obsequiar la ausencia cuando amas, cuando te entregas sin medida y confías tus sentimientos, emociones y alegrías a quien no debes, sean amigos, familia, pareja.

Nos entregamos con tapujos, con mentiras, creemos que por ser así, como esa persona quiere que seamos, nos va a querer más, nos va a idealizar al grado de hacer lo que nosotros queremos. No nos damos cuenta de que, al fingir, alimentamos un ideal erróneo, pero nos aferramos a pensar de esa manera.

Cuando conseguimos de esa persona lo que queremos, decimos «lo logramos, logramos que hiciera tal o cual cosa», pero en el fondo sabemos que esa persona lo hizo por la persona que imaginamos, por la persona que hicimos que creyera que somos.

Pasan los años y la relación que teníamos de amistad, de pareja o de familia se acaba. Las consecuencias están haciendo su cometido. Todo se acabó…

Siempre estamos idealizando «algo» o a «alguien» por esa necesidad de afecto, de amor. Creamos un mundo que no es cierto. Cuántas de nosotras fuimos personas que nacimos sin ser deseadas, cuántas de nosotras fuimos creciendo sin cariño, sin una caricia, sin un consuelo, con frío en el alma.

Al paso de los años, esto se hace una carga muy difícil porque es una cadena que se pasa al aro al siguiente, muchas veces sin darnos cuenta, otras porque así debe ser y otras porque, aunque no quieran, tienen que vivir lo que yo viví.

Una vez, en unos de mis recorridos, conocí a una señora cuya madre había quedado viuda con cinco hijos y a expensas de lo que le diera la familia de su esposo, los hijos todos pequeños a trabajar y estudiar y a «limpiar los zapatos» de quien les llevaba la comida. Ella acabó con una hija y sola. Por lo tanto, la hija, amargada como ella, creció igual, sola y sin una caricia que le calentara el alma, creciendo con conflictos, con dudas, con coraje y sin amor. Esa hija tuvo dos hijos. Obviamente, no tenía pareja estable, sola y derramando también amargura en ellos. Te puedes imaginar qué será de esos hijos con el paso del tiempo.

No está de más definir y ayudarnos a comprender que tenemos que hacer algo para que esto no siga sucediendo. Yo entiendo que es cultural, ya que muchas de estas costumbres en este momento se siguen llevando al cabo. Una madre soltera, que vive en casa de sus papás y trabaja, tiene que seguir llevando las reglas de esa casa. Aunque no esté de acuerdo con muchas de ellas, las sigue aceptando porque tiene que ser así, porque le da miedo tomar las riendas de su vida y empezar su propia historia. Le da miedo no poder con todo lo que representa iniciar la página de su libro, romper con costumbres que lastiman, con costumbres que no la harán crecer; pero que la harán transmitir sus miedos, sus dudas, sus amarguras a quien no debe.

No pasa nada si logras hacer un cambio en tu vida, de verdad, no te van a dejar de querer por empezar la hoja de tu libro. Seguramente no te hablarán un tiempo, te recriminarán; pero a través del tiempo, empezarán a sentirse orgullosos de tus avances, de tus logros, al darse cuenta de que cada paso que das ha sido logrando ser mejor en todos los aspectos, sobre todo en el cariño y el amor que puedes dar al sentirte capaz, triunfadora, al sentir que sí pudiste.

No es fácil, lo sé. Es muy difícil por todo lo que puede estar en juego, pero te puedo confirmar que sí se puede y el triunfo te enaltece, te hace sentir grande ante ti misma y ante los demás. Por eso hay que «aprender a obsequiar la ausencia a quien no valora tu presencia». Te quiero.

www.ingramcontent.com/pod-product-compliance
Lightning Source LLC
Chambersburg PA
CBHW021302280526
45784CB00005B/2481